BEI GRIN MACHT SICH IHR WISSEN BEZAHLT

- Wir veröffentlichen Ihre Hausarbeit, Bachelor- und Masterarbeit

- Ihr eigenes eBook und Buch - weltweit in allen wichtigen Shops

- Verdienen Sie an jedem Verkauf

Jetzt bei www.GRIN.com hochladen und kostenlos publizieren

Lukas Eißler

Die Bedeutung der Flüssigkeitsaufnahme bei Ausdauersportarten

GRIN Verlag

Bibliografische Information der Deutschen Nationalbibliothek:

Die Deutsche Bibliothek verzeichnet diese Publikation in der Deutschen Nationalbibliografie; detaillierte bibliografische Daten sind im Internet über http://dnb.d-nb.de/ abrufbar.

Dieses Werk sowie alle darin enthaltenen einzelnen Beiträge und Abbildungen sind urheberrechtlich geschützt. Jede Verwertung, die nicht ausdrücklich vom Urheberrechtsschutz zugelassen ist, bedarf der vorherigen Zustimmung des Verlages. Das gilt insbesondere für Vervielfältigungen, Bearbeitungen, Übersetzungen, Mikroverfilmungen, Auswertungen durch Datenbanken und für die Einspeicherung und Verarbeitung in elektronische Systeme. Alle Rechte, auch die des auszugsweisen Nachdrucks, der fotomechanischen Wiedergabe (einschließlich Mikrokopie) sowie der Auswertung durch Datenbanken oder ähnliche Einrichtungen, vorbehalten.

Impressum:

Copyright © 2013 GRIN Verlag GmbH
Druck und Bindung: Books on Demand GmbH, Norderstedt Germany
ISBN: 978-3-656-41470-4

Dieses Buch bei GRIN:

http://www.grin.com/de/e-book/212761/die-bedeutung-der-fluessigkeitsaufnahme-bei-ausdauersportarten

GRIN - Your knowledge has value

Der GRIN Verlag publiziert seit 1998 wissenschaftliche Arbeiten von Studenten, Hochschullehrern und anderen Akademikern als eBook und gedrucktes Buch. Die Verlagswebsite www.grin.com ist die ideale Plattform zur Veröffentlichung von Hausarbeiten, Abschlussarbeiten, wissenschaftlichen Aufsätzen, Dissertationen und Fachbüchern.

Besuchen Sie uns im Internet:

http://www.grin.com/

http://www.facebook.com/grincom

http://www.twitter.com/grin_com

"Die Bedeutung der Flüssigkeitsaufnahme bei Ausdauersportarten"

                                                                                                                             Seite

Inhaltsverzeichnis……………………………………………………...........1

Einleitung………………………………………………………………......2

Hauptteil...

1. **Ausdauersport**………………………………………………..……..2
1.1 Begriff……………………………………………………………….....2
1.2 Ausdauersportarten……………………………………………….....3
      1.2.1 Triathlon……………………………………………………...3
      1.2.2 Marathon……………………………………………………..3
2. **Der Wasserhaushalt des menschlichen Körpers**………………..4
2.1 Begriff………………………………………………………………...4
2.2 Funktion des Wassers……………………………………………....5
3. **Auswirkung von Ausdauersport auf den Körper**………………..6
3.1. Flüssigkeitsverlust und Mineralienverlust……………………….6
      3.1.1 Auswirkungen und Gefahren…………………………......7
4. **Flüssigkeitszunahme**…………………………………………….....7
4.1 Richtige Flüssigkeitszunahme…………………………………...7
4.2 Gefahren bei zu hoher Flüssigkeitszunahme (an einem Beispiel)………8

Fazit……………………………………………………………………..8

Literaturverzeichnis……………………………………………………..9

„Die Bedeutung der Flüssigkeitsaufnahme bei Ausdauersportarten"

Einleitung

Um Ausdauersport zu treiben, muss ein Mensch die nötige Technik erlernen und die Fähigkeit besitzen diese so gut wie möglich auszuführen. Die eigentliche Schwierigkeit liegt aber darin, seine Lebensweise der Sportart anzupassen. Dazu gehört auch die Flüssigkeitsaufnahme, mit der ich mich in der folgenden Dokumentation auseinandersetzen werde. Die Flüssigkeitsaufnahme ist enorm wichtig, wenn ein Sportler die größtmögliche Leistung abverlangen will. Jedoch ist die Aufnahme von Flüssigkeit auch mit vielen Risiken verbunden und kann bis zum Tode führen, falls man sie falsch ausführt. Die Fragestellung interessiert mich besonders, da es noch nicht viele Dokumentationen zu diesem Thema gibt und da ich als aktiver Sportler an jedem sportlichen Thema interessiert bin. Aus persönlichem Interesse habe ich mich nun gefragt, wie man die vorhandene Literatur miteinander verknüpfen kann, um das Thema zu erschließen. Um eine Grundlage zum Verständnis dieses Themas zu schaffen, beginnt meine Dokumentation mit dem allgemeinen Thema Ausdauersport, das ich dem Leser näher bringe. Anschließend gehe ich auf den Wasserhaushalt des Menschen ein und erläutere die Funktion des Wassers. Danach wird meine Dokumentation etwas spezifischer, denn dann erkläre ich, welche Auswirkungen Ausdauersport auf den Wasserhaushalt hat und wie wichtig die Flüssigkeitsaufnahme für den Körper wirklich ist. Bei meinem letzten und wichtigsten Punkt, stehen die richtige Aufnahme und mögliche Gefahren im Mittelpunkt.

1. Ausdauersport

1.1 Begriff

Ausdauersport umfasst Sportarten, die ihre Schwierigkeit im Aufrechterhalten einer Bewegung über einen längeren Zeitraum erfordern. Für diese Sportarten ist Ausdauer unumgänglich, denn man muss als Ausdauersportler ein hohes Maß an Leistung aufbringen. Um diese körperliche Schwerstleistung erbringen zu können, benötigt man ständiges Training, aber auch andere Faktoren wie zum Beispiel die Ernährung oder die Flüssigkeitsaufnahme tragen dazu bei, die Leistungsfähigkeit zu steigern. Gerade die Ernährung und die Flüssigkeitsaufnahme sind besonders wichtig, da der Energiebedarf und der Nährstoffbedarf bei Ausdauersportarten sehr stark ansteigen. Wichtig sind vor allem Kohlenhydrate, die den Körper ausreichend mit Energie und Nährstoffen versorgen. Typische Ausdauersportarten sind: Skilanglauf, Radfahren, Joggen, Wandern, Triathlon, Marathon, Rudern, Duathlon, Aquathlon, Eisschnelllauf und Inlineskating. *(vgl. Doepper; netzathleten.net GmbH, Ausdauersportarten; Wikimedia Deutschland e.V.; Ausdauer)*

„Die Bedeutung der Flüssigkeitsaufnahme bei Ausdauersportarten"

1.2 Ausdauersportarten

1.2.1 Triathlon

Die Kombinationssportart Triathlon (griechisch: tría = drei) besteht aus den Ausdauersportarten Schwimmen, Radfahren und Laufen, wobei die Disziplinen in der angegebenen Reihenfolge absolviert werden müssen. Die Schwierigkeit liegt darin, die direkt aufeinander folgenden Disziplinen ohne Unterbrechungen durchzuhalten. Gute Triathleten zeichnet aus, dass sich ihr Körper bzw. ihre Muskulatur sehr schnell den unterschiedlichen Belastungen während des Wettkampfes anpasst und dadurch die Wechselzeit verkürzt wird. In San Diego, Kalifornien, fand am 25.09.1974 der sogenannte Mission Bay Triathlon statt, der der erste Triathlonwettkampf der Geschichte war. Unter der Organisation der zwei Amerikaner Jack Johnstone und Don Shanahan, mussten die 46 Teilnehmer 10 km Laufen, 8 km Radfahren und 0,5 km Schwimmen hinter sich bringen, um den Wettkampf erfolgreich zu beenden. Die zwei wichtigsten Distanzen beim Triathlon sind die Langdistanz (Ironman) und die Kurzdistanz (Olympische Distanz). Bei der längsten Distanz, dem Ironman, werden 3,86 km geschwommen, 180,2 km Rad gefahren und 42,195 km gelaufen. Die Olympische Distanz besteht dagegen nur aus 1,5 km Schwimmen, 40 km Radfahren und 10 km Laufen. Für den Sport Triathlon benötigt man eine sehr gute Ausdauerfähigkeit und man muss sehr durchtrainiert sein, deshalb ist ein ständiges Training aller drei Disziplinen die Grundvoraussetzung, um seine Gesundheit nicht zu gefährden. Der Sportler muss außerdem explizit auf seine Ernährung und auf seine Flüssigkeitsaufnahme achten, denn nur so kann er die Leistung abrufen, die er für die Bewältigung des Triathlons benötigt.

(vgl. Waldner (1985), S. 112 f.; Bad Homburger Schwimmclub 1927 e.V.; netzathleten.net GmbH, Triathlon; Pro Personal Training; Wikimedia Deutschland e.V., Triathlon)

1.2.2 Marathon

Der Marathonlauf verfolgt das Ziel, die vorgeschriebene Strecke von 42,195 km in möglichst kurzer Zeit zurückzulegen. Er stellt die längste olympische Laufdisziplin dar und wird vorwiegend auf der Straße ausgetragen. Bereits ab den ersten Olympischen Spielen im Jahre 1896 zählte der Marathonlauf der Männer als olympische Disziplin. Der Marathonlauf der Frauen fand dagegen erstmals im Jahre 1984 während der Olympiade in Los Angeles statt. Die Distanz entwickelte sich von anfangs 40 km auf die im Jahre 1921 festgeschriebene Distanz von 42,195 km. Im Jahre 490 v. Chr. soll der Ursprung des Marathonlaufes liegen, denn damals soll der griechische Bote Pheidippides von der Stadt Marathon nach Athen gelaufen sein. Es heißt, er brach vor lauter Erschöpfung tot auf dem Marktplatz von Athen zusammen, nachdem er den Sieg der Griechen über die Perser verkündet hatte. Offizieller Weltrekord der Männer (Stand: 10.11.2012): Am 25.09.2011 lief der Kenianer Makau Musyoki den Berlin-Marathon in 2 Stunden 3 Minuten und 38 Sekunden. Offizieller Weltrekord der Frauen (Stand: 10.11.2012): Am 13. April 2003 lief Paula Radcliffe aus Großbritannien den London-Marathon in 2 Stunden 15 Minuten und 25 Sekunden. Wie auch beim Triathlon sind ein guter Fitnesszustand, ständiges Training, eine sportbezogene Ernährung sowie eine richtige Flüssigkeitsaufnahme dringend erforderlich, um dem Körper die Leistung abzuverlangen, die er für den Marathonlauf benötigt.

(vgl. Waldner (1985), S.88; Steffny; Cafe Restaurant Rigi-Kulm; Online Patienten Informations Service LTD; Wikimedia Deutschland e.V., Marathonlauf)

2. Der Wasserhaushalt des Menschlichen Körpers

2.1 Begriff

Unter Wasserhaushalt versteht man alle Prozesse, die zur Aufrechterhaltung der Körperfunktionen notwendig sind. Da eine ausgeglichene Wasserbilanz erforderlich ist, muss die Flüssigkeitsaufnahme der Flüssigkeitsabgabe entsprechen. Der Körper muss das Wasser aufnehmen, abgeben und diese zwei Vorgänge aufeinander abstimmen. Die Wasseraufnahme erfolgt über Getränke, durch Nahrungsflüssigkeit und durch Oxidationswasser, welches entsteht, wenn Nahrungsstoffe verbrannt werden. Urin, Kot, Schweiß und Atemluft ermöglichen die Wasserabgabe, die lebensnotwendig für den Menschen ist, da hierbei Harnstoff und Salze ausgeschieden werden können und die Körpertemperatur geregelt werden kann. Besonders während hohen Temperaturen kann die Wasseraufnahme lebensnotwendig sein, da durch den Schweiß und den Atem, Wärme vom Körperkern abgegeben werden kann.

Der Anteil von Wasser am Körpergewicht:
- Neugeborene: Ø 75 Prozent
- Erwachsener (männlich): Ø 60 Prozent
- Erwachsener(weiblich)/Ältere/Übergewichtige Menschen: Ø 50 Prozent
- Austrainierte Athleten: Ø 70 Prozent

Der Wasseranteil ist bei Frauen durchschnittlich niedriger, da sie einen geringeren Muskelanteil und somit einen höheren Fettanteil wie die Männer besitzen. Wenn der Fettanteil im Körper groß ist, dann ist der Wasseranteil umso geringer, da das Körperfett sehr wasserarm ist. Bei Sportlern ist der Wassergehalt dagegen höher, da sie mehr Muskeln besitzen wie untrainierte Menschen. Die Regulation und die Verteilung der Flüssigkeit im Körper wird von dem Wasser-Elektrolyt-Haushalt gesteuert. Das körperinterne Wasser wird zu 65 Prozent auf die Zellen verteilt, also intrazellulär. Die restlichen 35 Prozent werden extrazellulär, außerhalb der Zellen (im Blut, im Gehirn, in der Leber, in der Haut und in den Muskeln), verteilt. Um gesund zu leben, sollten erwachsene Menschen 1,8 bis 2,5 Liter Flüssigkeit täglich aufnehmen. Bei schwerer körperlicher Betätigung, hohen Temperaturen und erhöhtem Natriumkonsum braucht der Körper auch erheblich mehr Flüssigkeit.

(vgl: Dr. Grosshauser (2010), S.134 f.; Schürch (1991), S.16 f.; Merck Sharp and Dohme Corp; Wikimedia Deutschland e.V., Wasserhaushalt; Buchwald; Andreae-Noris Zahn AG)

2.2 Die Funktion des Wassers

Transport- und Lösungsmittel:

Wasser ermöglicht über die Blutbahnen den Transport von Sauerstoff, Nährstoffen und Hormonen zu den Organen und deren Zellen, die auf diese Stoffe angewiesen sind. Durch die bessere Versorgung der Zellen und die bessere Durchblutung von den Muskeln und den Gehirnzellen wird der Körper leistungsfähiger. Außerdem muss immer genügend Wasser im Körper sein, um den Abtransport von Stoffwechselprodukten, Abbauprodukten und Salzen über die Nieren, die Lunge und die Gefäße zu ermöglichen (Osmotische Fähigkeit).

Regulierung der Körpertemperatur:

Bei hohen Temperaturen oder starker körperlicher Betätigung steigt die Körpertemperatur stark an. Der Körper produziert nun mithilfe des Wassers Schweiß, um die überschüssige Wärmeenergie abzuführen und ihn vor einer lebensgefährlichen Überhitzung zu schützen. Durch die circa zwei Millionen Schweißdrüsen, die sich auf der Haut befinden, wird der Schweiß auf die Hautoberfläche verbreitet. Nun verdunstet der Schweiß und es entsteht eine Verdunstungsenergie, die den Körper wieder auf eine Normaltemperatur von 36-37 Grad kühlt. Jedoch dient das Körperwasser auch als Kälteschutz, indem es die Organe in Schwung hält und ein guter Wärmespeicher ist.

Wasser als Schutzpolster:

Die inneren Organe, das Gehirn und das Rückenmark sind von einem dämpfenden Wasserpolster umgeben und sind dadurch besser gegen Druck und Stöße geschützt. Außerdem schützt es die Gelenke und Knochen und ermöglicht dadurch mehr Leistung. Zudem bestehen unsere Muskeln zu 80 % aus Wasser.

Neutralisation von Säuren:

Bei Extremsituationen und starker körperlicher Belastung übersäuert unser Körper schnell, jedoch kann diese Übersäuerung schnell durch das Wasser ausgeglichen werden.

→ **Wasser hält uns also durch die oben genannten Funktionen rundum leistungsfähiger.**

(vgl. Dr. Grosshauser (2012), S.134 f.; Roehl; Schmitz; Scheinpflug; Berlinwasser Services GmbH; WOMENWEB GmbH)

3. Auswirkung von Ausdauersport auf den Körper

3.1 Flüssigkeitsverlust und Mineralienverlust

Der Körper verliert Flüssigkeit durch Urin, Kot, Schweiß und die Atemluft. Im Vordergrund meiner Dokumentation steht aber der Flüssigkeitsverlust, der durch Ausdauersportarten verursacht wird. Durch die Bewegungsenergie entsteht eine Wärmeenergie, die sich in starken Temperaturerhöhungen widerspiegelt. Der Körper reguliert nun die hohe Temperatur, indem er Schweiß aus den Schweißporen ausscheidet. Der Schweiß, der aus Wasser besteht, verdunstet nun auf der Hautoberfläche und senkt die Körpertemperatur. Auch durch die schnellere Atmung, die bei körperlicher Betätigung stattfindet, wird der Flüssigkeitsverlust zunehmend erhöht. Umso stärker die körperliche Belastung ist, umso mehr Flüssigkeit wird ausgeschieden.

Flüssigkeitsverluste bei verschiedenen Ausdauersportarten:

Marathon:	bis zu 4,0 Liter
Radrennen (50 km):	1,5 – 3.0 Liter
Skilanglauf (50 km):	2,5 – 3,5 Liter
Fußball:	0,9 – 3,0 Liter
Rudern (2 km):	bis 0,8 Liter

Der Flüssigkeitsverlust erhöht sich zudem oftmals zusätzlich noch durch extreme äußere Bedingungen (klimatische Bedingungen, Höhe und die Luftzirkulation). Durch den Verlust des körperinternen Wassers verliert der Körper auch eine Menge an energieliefernden Elementen (Mineralstoffe und Spurenelemente), da der Körper in engem Zusammenhang mit dem Elektrolythaushalt steht.

Die 3 wichtigsten Mineralien im Schweiß (pro 1 Liter):

Chlorid:	500 – 1500 mg
Natrium:	400 – 1100 mg
Kalium:	120 – 250 mg

"Die Bedeutung der Flüssigkeitsaufnahme bei Ausdauersportarten"

(vgl. Schürch (1991), S.10-16; Medienwerkstatt Mühlacker Verlagsges.mbH; Deutscher Turner-Bund e.V; WAZ NewMedia GmbH & Co. KG; hrh Vermoegensverwaltung GmbH)

3.1.1 Auswirkungen und Gefahren

Ein Flüssigkeitsmangel, auch Dehydration genannt, liegt vor, wenn der Flüssigkeitsverlust die Flüssigkeitszunahme übersteigt. Da ich die Ursachen für einen erhöhten Flüssigkeitsverlust unter dem Punkt 3.1 bereits erläutert habe, werde ich in diesem Absatz die Folgen, die daraus entstehen, erläutern.

Ein Flüssigkeitsmangel wirkt sich schwerwiegend auf den Körper und die Leistungsfähigkeit aus. Schon geringe Verluste von 2 Prozent wirken sich auf die Leistungsfähigkeit des Sportlers aus, da das Blut zähflüssiger wird und langsamer durch die Adern fließt. Die Herzfrequenz erhöht sich, da das Herz mehr Arbeit mit dem dickflüssigen Blut hat. Das Blut kann nun die Muskelzellen nichtmehr so gut mit Sauersoff und Nährstoffen versorgen, es kommt zu der Ermüdung des Muskels und die Leistung des Sportlers wird eingeschränkt. Auch die Hirnzellen werden mit weniger Nährstoffen versorgt, was die Konzentrationsfähigkeit und die Reaktionsfähigkeit stark herabsetzt. Außerdem nimmt die Durchblutung der Haut ab, was zur Folge hat, dass die Schweißbildung eingeschränkt wird. Da nun die Wärmeabgabe über die Haut nur noch bedingt funktioniert und der Körper immer wärmer wird, besteht die Gefahr eines Hitzeschlages. Schon Verluste ab 8 Prozent können zum Kollaps führen und Verluste ab 15 Prozent sind lebensgefährlich und können zu Organversagen führen.

(vgl. Kramer; Medienwerkstatt Mühlacker Verlagsges.mbH; Bernstein; Neosmart Consulting AG)

4. Flüssigkeitszunahme

4.1 Richtige Flüssigkeitszunahme

Der Zeitpunkt der Flüssigkeitsaufnahme spielt eine große Rolle, deshalb sollten 250 – 500 ml schon vor der körperlichen Belastung zugenommen werden. Während dem Sport sollte man nicht auf das Durstgefühl warten, denn sonst ist bereits ein deutlicher Leistungsabfall herbeigetreten. Deswegen sollte man von dem Anfang der Belastung ab, permanent im 10-15 Minutentakt 200 bis 250 ml Flüssigkeit zu sich nehmen. Die Flüssigkeitsaufnahme kann nur wirkungsvoll sein, wenn die Flüssigkeit schnell den Magen passiert und zügig in den Dünndarm gelangt. Denn im Dünndarm findet die Wasseraufnahme statt. Die Temperatur spielt bei der Schnelligkeit der Aufnahme keine Rolle, jedoch sollte man bei hohen Temperaturen und starker körperlicher Betätigung ein kaltes Getränk bevorzugen, da es einen Kühleffekt hervorruft

„Die Bedeutung der Flüssigkeitsaufnahme bei Ausdauersportarten"

und somit die Schweißaustreibung etwas minimiert. Optimale Sportgetränke erfordern die Zugaben von Kohlenhydraten (Glukose, Saccharose, Fruktose) und Natrium (Kochsalz), da sie osmotisch („wasserbindend") wirken und dadurch die Wasseraufnahme schneller stattfinden kann. Die Flüssigkeitsaufnahme mit solchen Getränken kann bis zu viermal so schnell werden, wie die Aufnahme mit Mineralwasser. Jedoch sollte der Kohlenhydratgehalt nicht mehr als 8 Prozent des Getränkes betragen, denn sonst ist das Getränk zu konzentriert und die Aufnahmezeit erhöht sich erheblich. Fruchtsäfte sind nicht zu empfehlen, da sie wenig Natrium enthalten und daher eine lange Aufnahmezeit in Anspruch nehmen. Außerdem bleiben die Fruchtsäfte kürzer im Körper, weil das wenig vorhandene Natrium nur wenig Wasser „binden" kann.

Beispiel für ein wirksames Getränk:
1 Liter Wasser, 80 g Maltodextrin, 1 bis 2 g Natriumchlorid
(vgl. Dr. Mossburger)

4.2 Gefahren bei zu hoher Flüssigkeitszunahme (an einem Beispiel)
Man bekommt immer den Rat ausreichend viel zu trinken, damit der Körper nicht austrocknet. Jedoch ist nun in einer neuen wissenschaftlichen Studie festgesellt worden, dass eine zu hohe Flüssigkeitsaufnahme noch viel gesundheitsschädlicher sein kann. Eine 41-jährige Hobbyläuferin, die den Marathon in Kassel in ungefähr 5 Stunden absolviert hatte, fühlte sich schlecht und brach mit Kreislaufproblemen zusammen. Die Ärzte vermuteten, dass sie zu wenig getrunken hatte und versorgten sie im Krankenhaus mit Infusionen. Dieser ärztliche Eingriff endete fast tödlich für die Frau, da sie schon während des Marathonlaufes zu viel getrunken hatte und nun die Infusionen zu einer Überhydrierung führten. Die Frau hatte einen zu niedrigen Natriumgehalt im Blut und erlitt ein Hirnödem. Deshalb sollte man bei anstrengenden Sportarten, eine richtige Flüssigkeitszunahme beachten (weitere Informationen dazu unter dem Punkt 4.1).
(vgl. Online Dienste)

Fazit

Abschließend lässt sich anhand der Dokumentation sagen, dass die Flüssigkeitsaufnahme sehr bedeutend für einen Ausdauersportler ist, um die optimale Leistung zu erreichen. Das Wasser erfüllt in unserem Körper viele lebensnotwendige Aufgaben, die auch im engen Zusammenhang mit der sportlichen Aktivität stehen. Aufgaben wie zum Beispiel die Regulierung der

„Die Bedeutung der Flüssigkeitsaufnahme bei Ausdauersportarten"

Körpertemperatur und der Sauerstoff- und Nährstofftransport, sind ohne die Wasseraufnahme undenkbar. Da dem Körper durch Ausdauersport Wasser entzogen wird, muss der Wasserhaushalt aufgefüllt werden, ansonsten sind Leistungseinbußen und gesundheitliche Schäden die Folge. Um diese Folgen vermeiden zu können, ist eine richtige Flüssigkeitsaufnahme dringend erforderlich. Der Zeitpunkt der Aufnahme ist genauso wichtig wie die Konzentration des Getränks mit Kohlenhydraten und Natrium. Hierbei gilt: Die Menge der ausgeschiedene Flüssigkeit sollte mit der zugenommenen Flüssigkeit übereinstimmen, denn wer viel mehr Wasser zu sich nimmt, gefährdet seine Gesundheit (Überhydrierung). Ich denke in der Zukunft kann durch die ständig neuen Erkenntnisse und Forschungen immer mehr Leistung von den Athleten abgerufen werden, sodass die Streckenrekorde ständig besser werden. Insgesamt lässt sich sagen, dass die Flüssigkeitsaufnahme im Ausdauersport eine sehr große Bedeutung hat. Jedoch denke ich, dass die Bedeutung stetig ansteigen wird, da die Athleten ihre Leistung immer verbessern wollen. Die Arbeit an der Dokumentation hat mir sehr Spaß gemacht, da ich selbst unglaublich viel neue Sachen dazugelernt habe und den Themenbereich im Gesamten sehr spannend fand.

Literatur

Batmanghelidji (2010): Ein Umlernbuch: Wasser die gesunde Lösung, *Freiburg*
Grosshauser Mareike (2010): Ernährung im Triathlon, *Hamburg*
Kremke Britta (2007): Marathon-Training für Dummies, *Weinheim*
Schürch Peter (1991): Flüssigkeitsaufnahme und Sport, *Erlangen*
Waldner Gerhard (1985): fit-controller Das Handbuch für den Ausdauersportler, *Mannheim*

Internet

Andreae-Noris Zahn AG: http://www.gesundheit.de/lexika/medizin-lexikon/wasserhaushalt *(04.01.2013)*

Bad Homburger Schwimmclub 1927 e.V.: http://www.badhomburger-sc.de/triathlon/allgemein.htm *(17.12.2012)*

Berlinwasser Services GmbH: http://www.bwb.de/content/language1/html/2289.php *(06.01.2013)*

Bernstein Eric: http://symptomat.de/Fl%C3%BCssigkeitsmangel_%28Dehydratation%29 *(22.01.2013)*

Buchwald Gerd: http://www.hessenweb.de/index.php?id=lexikon&term=2581 *(04.01.2013)*

Cafe Restaurant Rigi-Kulm: http://www.gieti.de/marathon.htm *(28.12.2012)*

Deutscher Turner-Bund e.V: http://www.dtb-online.de/portal/gymcard/meine-gymwelt/trinken/trinken-beim-sport.html *(09.01.2013)*

Doepper Wolfgang:
http://www.hildentri.de/literatur/ernaehrung%20im%20ausdauersport.pdf *(13.01.2013)*

hrh Vermoegensverwaltung GmbH:
http://www.ernaehrungsberatung.rlp.de/Internet/global/themen.nsf/0/218A9F62E21B9DD4C1256FAA00323665?OpenDocument *(17.01.2013)*

Kramer Mike (ITministrator): http://www.sportgesundheit.eu/sport_sommer.htm *(14.01.2013)*

Medienwerkstatt Mühlacker Verlagsges.mbH: http://www.medienwerkstatt-online.de/lws_wissen/vorlagen/showcard.php?id=1567 *(09.01.2013)*

„Die Bedeutung der Flüssigkeitsaufnahme bei Ausdauersportarten"

Medienwerkstatt Mühlacker Verlagsges.mbH: http://www.medienwerkstatt-online.de/lws_wissen/vorlagen/showcard.php?id=1568 *(24.01.2013)*

Merck Sharp and Dohme Corp: http://www.docvadis.de/arztpraxis-ayim/page/weitere_informationen/praktische_tipps/wie_funktioniert_der_wasserhaushalt_des_menschen.html *(04.01.2013)*

Moosburger Kurt, Innsbruck: http://www.dr-moosburger.at/pub/pub045.pdf *(15.01.2013)*

Neosmart Consulting AG: http://www.zentrum-der-gesundheit.de/dehydratation.html *(22.01.2013)*

netzathleten.net GmbH: Ausdauersportarten: http://www.netzathleten.de/Sportmagazin/Lexikon/Ausdauersportarten/5772681575903432402/head *(13.12.2012)*

Online Dienste: http://www.trainingsworld.com/ernaehrung/gesund-fit/gefahr-ueberhydrierung-sport-trinken-zuviel-2603095.html *(27.01.2013)*

Online Patienten Informations Service LTD: http://www.dr-gumpert.de/html/marathon.html *(28.12.2012)*

Pro Personal Training: http://www.pro-personal-training.de/de/fitness-lexikon.html *(17.12.2013)*

Roehl Peter: http://www.aquaspender.de/wasseraufgabenimbody.htm *(05.01.2013)*

Scheinpflug Holger: http://www.planetsenior.de/getraenke_funktion_wasser/ *(05.01.2013)*

Schmitz Marc: http://www.onmeda.de/ratgeber/ernaehrung/trinken/wasserhaushalt_koerperfunktion-des-wassers-2333-2.html *(05.01.2013)*

Steffny Herbert: http://www.herbertsteffny.de/statistik/weltbestenliste.htm *(28.12.2012)*

WAZ NewMedia GmbH & Co. KG: http://www.lifeline.de/ernaehrung-und-fitness/fitness-und-sport/fitnesstipps/ernaehrungs-tipps/fluessigkeitsverlust-trinken-bevor-der-durst-kommt-id4152.html *(10.01.2013)*

Wikimedia Deutschland e.V.: Ausdauer: http://de.wikipedia.org/wiki/Ausdauer *(13.12.2012)*

Wikimedia Deutschland e.V.: Marathonlauf: http://de.wikipedia.org/wiki/Marathonlauf *(28.12.2012)*

Wikimedia Deutschland e.V.: Triathlon: http://de.wikipedia.org/wiki/Triathlon *(17.12.2012)*

Wikimedia Deutschland e.V.: Wasserhaushalt: http://de.wikipedia.org/wiki/Wasserhaushalt *(04.01.2013)*

WOMENWEB GmbH: http://www.womenweb.de/kochen-und-ernaehrung/getraenke/wasser.3.die-funktion-des-wassers-im-koerper.html *(06.01.2013)*